AF562235

Sellincourt.

INSTRUCTION EN FAVEUR

DES PELERINS DE LA Sainte Larme de Nôtre Seigneur Iesus Christ, adorée dans l'Eglise de S. Pierre lez Selincourt, Ordre de Prémontré, au Diocese d'Amiens.

Avec les Litanies & quelques Oraisons, que chaque Pelerin peut reciter à son honneur.

Et à la fin sont quelques Miracles arrivez par sa faveur.

†

IHS.

A AMIENS,
Chez N. CARON-HUBAULT, Imp. & Marchand Lib. prés S. Martin.

M. DCCI.

Avec permission.

AUX PELERINS.

IL faut que je vous avouë ingenûment CHERS PELERINS, *que je n'ay pû retenir plus long temps le zele ardent, que j'ay toûjours eu de publier partout avec quels sentimens de pieté & de devotion les fideles doivent aller reverer dans l'Abbaye de S. Pierre lez Selincourt, une des larmes, que nôtre Sauveur Iesus-Christ a bien voulu répandre pour nos pechez, & nous donner en elles de precieux gages de son divin amour: Et je ne puis m'empêcher de vous dire que comme cette divine & adorable larme du Sauveur de nos ames ne se plaît que parmi les larmes, & ne fait part de ses faveurs qu'aux ames* plongées dans les pleurs & dans les gemissemens, vous devez (si vous luy voulez faire une offrande agreable) lui presenter des larmes, mais des larmes de douleur & de regret d'avoir tant de fois offensé celuy, des yeux sacrez duquel elle est amoureusement sortie. J'ose vous assurer, Chers Pelerins, que si vous luy donnez pour vôtre present des larmes de cette qualité, vous obtiendrez infailliblement l'enterinement de vos Requêtes & l'accomplissement de vos vœux : Au lieu que ceux qui vont faire ce Pelerinage plûtôt pour prendre l'air & delasser leur esprit, que pour adorer veritablement cette précieuse relique, ne ressentiront tout au plus que leur divertissement prémedité.

Allez, Chers Pelerins, allez rendre vos vœux & vos adorations à cette riche Perle du ciel, trouvée dans le plus profōd du cœur de nôtre aimable Iesus : allés, dis-je, vous qui n'avez d'autres entretiens dans le chemin, ni d'autres pensées, quand vous ètes arrivez en ce saint lieu, que de pleurer vos pechés, & d'un cœur contrit & humilié en demander pardon à nôtre divin Maitre, que vous avez obligé de pleurer tant de fois pour vous. Ces larmes de componction attireront sans doute sur vous les benedictions du ciel, & le recouvrement non seulement de la vûë spirituelle, mais même de la vûë corporelle, qui bien souvent n'est qu'une suite de l'aveuglement de l'esprit.

Le devot S. Bernard considerant de quel prix & de quelle valeur sont ces larmes de penitence, ne peut qu'il ne s'écrie en ces termes amoureux : O larmes, que vous étes heureuses : puis que vous meritez d'estre essuyées des mains de nostre Dieu. *D'où je tire cette consequence : Puis que les larmes d'un cœur contrit, & percé de douleur pour ses pechez, ont l'avantage d'être essuyées des mains de Dieu ; je veux dire, que cette divine Majesté, flechie en quelque façon par nos gemissemens, & nous accorde le pardon de nos fautes & de nos offenses, nous devons sans cesse avoir recours à cette divine Larme de Iesus, & là devant elle verser des larmes de douleur, de ce que sans cesse nous offensons celuy qui a tant soûpiré sous le lourd fardeau de sa tres-amere Passion.*

O aveuglement prodigieux des hommes ! mondains, que vous étes coupables devant Dieu, de si mal employer vos larmes & vos sanglots ! vous pleurez, vous soûpirez, vous gemissez pour la perte de vos enfans, ou de vos amis, vous étes inconsolables pour la perte de quelque bien temporel & passager ; & vous ne pleurez pas : Que dis-je ? vous ne jettez aucun soupir, vous ne témoignez pas même aucune douleur, pour avoir perdu vôtre ame, perdu la grace de Dieu, & enfin pour avoir perdu vôtre Createur & vôtre Sauveur.

O que la Magdelene a bien mieux ménagé ses pleurs ! Ses yeux luy avoient servi comme autant de miroirs ardens, pour brûler les cœurs de tous ceux pour qui elle avoit quelque tendresse : Et de ses mêmes yeux elle a fait couler & répandre deux torrens de larmes, qui ont servi, pour nettoyer les taches de son ame, & dissiper les tenebres de son esprit : Ses mots choisis, ses discours étudiez, dont elle se servoit, n'ont pas eu lieu en ce rencontre, pour flechir la misericorde de son aymable Sauveur : Ce sont ses pleurs & ses seuls soûpirs, qui luy ont rendu tous ces devoirs.

Un grand homme reflechissant sur la conversion de cette sainte Penitente, & voyant l'effet de ses larmes, dit ces belles paroles : Les larmes, *dit-il*, ne demandent pas pardon, & neanmoins elles le meritent : Elles ne disent mot, & elles obtiennent pourtant misericorde. *La raison en est, que bien souvent les paroles n'expliquent pas assez les sentimens du cœur, au lieu que les larmes font voir à découvert jusqu'à quel point peut aller son affection.*

O larme tirée d'un cœur contrit & humilié, s'écrie saint Bernard, que vous étes puissante ! C'est à vous de regner, puisque vous avez assez de hardiesse pour paroître toute seule devant un Iuge infiniment juste : Aussi obtiendrez-vous assurément l'effet de vos demandes, vous fermez la bouche à tous ceux qui auroient assez de temerité pour vous accuser : Souvent vous forcez le Iuge de prononcer en vôtre faveur : Vous remportez la victoire sur un invincible, & reduisez presque à l'impuissance le Tout-Puissant.

S'il

S'il est vray, CHERS PELERINS (comme en effet il n'en faut pas douter,) que les larmes de douleur & de regret d'avoir offensé un Dieu, sont d'un prix inestimable, & que par leur moyen nos prieres & nos vœux soient reçûs au Tribunal de la divine Majesté, pleurons l'netagement & l'affection que nous avons au peché, approchons nous du Sacrement de Penitence avec un cœur contrit & baigné de larmes, pour nous reconcilier avec nôtre aimable Sauveur, luy promettant veritablement que dorénavant, (puis que l'énormité de nos crimes l'a obligé de les pleurer,) nos yeux ne nous serviront qu'à nous donner des torrens de larmes, pour les laver & effacer.

Ce sera alors que nous ferons un bon & fructueux pelerinage, c'est à dire, que nous ressentirons les douceurs que le ciel répand par tout par tant de miracles, que Dieu a faits, & fait encore tous les jours par le moyen de cette precieuse Relique, lesquels presque une infinité de monde ont experimenté, les uns ayant été garantis des *dangers, qui les menaçoient de perdre la vûë, les autres l'ayant parfaitement recouverte, aprés l'avoir entiérement perdûë.*

Pleurons, dis-je encore un coup, pleurons nos imperfections, pleurons nos delicatesses, pleurons la misere des pauvres, pleurons enfin, & soûpirons sans cesse aprés la gloire du Paradis, & les joyes éternelles, que Dieu a preparées de tout tems à ses Elûs, où je supplie la divine bonté de nous conduire. Ainsi soit-il.

HISTOIRE DE LA SAINTE LARME,

REVERE'E DANS L'ABBAYE

DE SAINT PIERRE lez Selincourt, de l'Ordre de Premontré, au Diocese d'Amiens.

NOSTRE Seigneur Jesús-Chrît desirant nous laisser quelque précieux gage de son parfait amour, versa des larmes, comme il est écrit au chap. 11. de S. Jean, lors qu'il vint resusciter son ami Lazare, lesquelles, selon la tradition, furent soigneusement recüeillies par un Ange, qui les offrit à ſainte Marie Magdeléne, de laquelle S. Maximin Evêque d'Aix en Provence les reçût avec beaucoup de reſpect. Enſuite de quoi elle fut tranſportée à Conſtantinople, où celle, dont il eſt icy queſtion, fut religieuſement gardée, juſqu'à ce que Baudoüin Comte de Flandres, en fut couronné Empereur, avec l'aſſiſtance des François & des Venitiens; car en même temps Bernard, Seigneur de Moreüil, s'étant croisé & embarqué à Marſeille avec pluſieurs grands Prélats & Seigneurs François, aprés avoir combattu vaillamment, pour conquerir la Terre Sainte, & la remettre en la puiſſance des Chrêtiens; comme il retournoit par Conſtantinople, l'Empereur Henry, frere & ſucceſſeur de Baudoüin, lui donna en reconnoiſſance de ſes glorieux travaux cette Larme divine, qu'il aporta l'an mil deux cens ſix en ſa Terre de Moreüil, où il la garda fort dévotement l'eſpace de trois ans, apres leſquels il en fit preſent à la

celebre

celebre Abbaye de S. Pierre léz-Selincourt, que Gautier Tirel, Seigneur de Poix & de Beaurin, avoit fondée en 1030. à la persuasion du Bien-heureux Milon de Selincourt, qui de premier Abbé de S. Josse au bois, vulgairement appellé Dommartin, étoit nouvellement élevé à l'Evêché de Teroüenne. Depuis cette Translation de la sainte Larme, il s'est fait plusieurs miracles signalez dans cette Abbaye, où elle a toûjours esté fidelement conservée, nonobstant le ravage des Anglois qui arriva l'an mil quatre cens quarante deux, jusqu'à ce que le Cardinal Antoine de Crequi, Evêque d'Amiens, & deuxiéme Abbé commendataire de ce Monastere, la transporta dans son Eglise Cathedrale en l'année mil cinq cens soixante & onze, esperant qu'elle y seroit en plus grande veneration & seureté qu'ailleurs. Mais voyant qu'elle y étoit soudainement disparuë, il fit reporter le vaisseau de cristal, qui la tient miraculeusement enchassée, jusqu'aux confins de l'Abbaye, où les Religieux l'allerent solemnellement recevoir : & aussitôt elle recommença à paroître, & à couler comme auparavant, ne s'étant jamais sechée pendant les chaleurs de l'Eté, ny glacée dans les rigueurs de l'Hyver. C'est ainsi que Dieu nous fait sensiblement connoître que cette Abbaye champêtre est le lieu qu'il a destiné, pour être le dépositaire & gardien de cette Relique adorable, & pour y faire éclater ses incomparables merveilles en faveur de tous ceux qui la voudront reverer avec les larmes d'une sincere penitence.

* * *

* *

*

CANTIQUE POUR LES PELERINS de la Sainte Larme.

I.

CHrêtiens, sans craindre aucune alarme,
Courons, pour voir la sainte Larme,
Prenant le chemin le plus court :
En Picardie on la revere
Dans ce celebre Monastere
De saint Pierre lez-Selincourt.

II.

Jesus pour un signe tres rare,
De son amour pour le Lazare,
La répandit sur son tombeau :
Aussitôt un Ange sans peine
La recüeillit pour Magdeleine
Et la mit dans un Chalumeau.

III.

Saint Maximin, par preference.
L'eut d'elle pour Aix en Provence,
Dont il fut le premier Prélat :
Elle fut, en étant ôtée,

A Constantinople portée,
Pour y paroître avec éclat.

IV.

Mais l'Empereur Henry deuxiéme,
Dans ce lieu-là l'offrit luy-même
A Bernard, Seigneur de Moreüil,
Qui venoit de la Terre Sainte,
Où l'infidel il mit en crainte,
pour mieux en abaisser l'orgueil.

V.

Ce bon Seigneur, aprés la guerre,
Retourna dans sa propre Terre,
Avec ce Joyau precieux,
Le destinant pour cette Eglise,
Jadis faite par l'entreprise.
De Gautier, Prince trés pieux.

VI.

Enfin, ce Seigneur admirable,
Offrit cette Larme adorable,
De nôtre Seigneur Jesus-Christ,
A cette devote Abbaye,
Qui la reçût bien réjoüie,
Vers la Fête du S. Esprit.

VII.

Elle a toûjours eu ce saint gage,

[M]algré le furieux ravage,
[Q]ue l'Anglois fit de tous ses biens;
[T]ant qu'un Cardinal eut envie
[D]e la mettre pendant sa vie,
[D]ans sa Cathédrale d'Amiens.

VIII.

L'ayant hors de son lieu champêtre,
[E]lle fut sans du tout paroître,
[D]ans son cristalin chalumeau:
[M]ais la rendant à sa demeure,
[E]lle recommença sur l'heure,
[A] couler ainsi que fait l'eau.

IX.

Devant & puis tant d'obstacles,
[I]l s'est fait plusieurs grands miracles;
[L]ors qu'on l'a bien sçû reverer:
[P]ar elle on recouvre la vûë,
Quoy que depuis long-temps perduë
[A]insi qu'on le peut averer.

X.

Le Sauveur même par sa grace,
Nous fait voir qu'elle ne se glace,
Qu'elle ne seche jamais,
Qu'elle est de son sang empourprée,
Et qu'elle a toûjours sa durée,

Sur cette montagne de paix.

XI.

C'eſt-là que chacun la contemple ;
Dans le plus magnifique Temple ,
De tout l'Ordre de Prémontré :
C'eſt-là que Dieu quitte les armes ,
Quand on l'invoque avec des larmes ;
Et qu'on eſt de douleur outré.

XII.

Allons donc à cette Relique ,
Faiſant raiſonner ce cantique ,
A la gloire du Roy des cieux :
Afin qu'il nous faſſe la grace
Qu'en Paradis nous ayons place ,
Pour le contempler de nos yeux.

ES LITANIES DE LA TRES-précieuse Larme de nôtre Seigneur Iesus-Christ.

K Yrie eleïſon.
Chriſte eleïſon.
yrie eleïſon.
hriſte audi nos.
hriſte exaudi nos.
ater de cœlis Deus, Miſerere nobis.
ili redemptor mundi Deus, Miſerere.
piritus Sancte Deus, Miſerere.
eſu fili Mariæ, Miſerere.
cœcitate mentis & corporis, Libera nos Jeſu.
Ab induratione cordis, Libera.
Per lachrymabilem illam vocem in nativitate tuâ emiſſam, Libera.
Per lachrymas illas amoris, quas in Lazari tui amici reſurrectione effundere dignatus es, Libera.
Per lachrymas commiſerationis, quas

super populum Hierosolymitanum effundere dignatus es, Libera

Per lachrymas, quas in ligno salutiferæ crucis pro nobis effundere dignatus es, Libera

Per acerbissimos dolores Passionis tuæ Libera nos, Jesu.

Per amarissimum salutiferæ crucis tuæ supplicium, Libera nos Jesu

Peccatores, Te rogamus audi nos.

Ut Ecclesiam tuam suavissimo lachrymarum tuarum rore irrigare & conservare digneris, Te rogamus

Ut domnum Apostolicum, & cunctum Ecclesiasticum ordinem per lachrymarum tuarum merita conservare digneris, Te rogamus,

Ut Regem nostrum Ludovicum, Principes nostros, & cunctum populum Christianum, à cœcitate mentis & corporis lachrymarum tuarum effusione tueri digneris, Te rogamus.

Ut Ecclesiæ Selincurtensis Canonicos, pretiosissimæ lachrymæ tuæ custodes, in viâ mandatorum tuorum, & verâ pietate

pietate conservare digneris, Te rog.
Ut ejusdem Lachrymæ tuæ sacrum domicilium ab omni tempestate illæsum & integrum perpetuò conservare digneris, Te rogamus.
Ut devotorum Lachrymæ tuæ peregrinorum preces & vota clementer audire digneris, Te rogamus.
Ut nostrûm omnium tenebras mentis & corporis suavissimo Lachrymæ tuæ osculo dissipare digneris, Te rog.
Ut peccatorum corda indurata fortiter pungere digneris, Te rogamus.
Ut veram iniquitatum nostrarum compunctionem in cordibus nostris excitare digneris, Te rogamus.
Ut veras lachrymas cunctis fidelibus, Lachrymæ tuæ meritis, concedere digneris, Te rogamus.
Ut nos pœnitentes & lachrymantes exaudire digneris, Te rogamus.
Ut ad vitam æternam Lachrymæ tuæ meritis nos perducere digneris, Te rogamus audi nos.
Jesu spes nostra, Te rogamus audi nos.

Jesu refugium nostrum, Te rogamus.
Jesu merces nostra, Te rogamus.

Agnus Dei, qui Tobiam cum lachrymis orantem exaudire dignatus es, parce nobis Jesu.

Agnus Dei, Magdalenam peccatricem, lachrymis suis pedes tuos irrigantem, & capillis suis tergentem, exaudire dignatus es, Exaudi nos Jesu.

Agnus Dei, qui Apostoli tui Petri amarè flentis lachrymas respicere dignatus es, Miserere nobis.

Antienne.

BEnedictus sit Dominus Deus Israël, qui fecit de tenebris lumen splendescere, & illuxit in cordibus nostris ad illustrationem scientiæ & charitatis in facie per lachrymas Jesu-Christi : per illas, Domine, illumina nos sedentes in tenebris & umbra mortis, & dirigantur pedes nostri in viam pacis. Alleluia.

℣. Quoniam tu illuminas lucernam meam, Domine.

℟. Deus meus, illumina tenebras meas

Oremus.

DOmine Jesu-Christe, qui ex voluntate Patris, cooperante Spiritu Sancto, super Lazarum flere compassione humili voluisti, concede nobis peccatoribus, tibi in carne passo, ac proximis nostris compati in hac vitâ tali lachrymarum rore, cum tantæ humilitatis radice, ac tantæ charitatis fervore, ut post luctus & suspiria mereamur ad gloriam supernæ fœlicitatis pervenire. Qui vivis & regnas cum Deo Patre in unitate Spiritus Sancti Deus. Per omnia sæcula sæculorum. Amen.

ACTE DE CONTRITION A FAIRE auparavant de demander à Dieu ses necessitez.

MON Sauveur & mon Dieu, me voicy aux pieds de vôtre divine Majesté, pour luy demander pardon,

& pour obtenir d'elle la remiſſion des pechez que j'ay commis, tant par fragilité, que par malice. Je confeſſe avec toute humilité que je ſuis grand pecheur, & que je merite de reſſentir les effets de vôtre juſtice, plûtôt que les marques de vôtre miſericorde : Mais parce que vous n'avez pas mépriſé les larmes de la Magdeleine, que vous avez reçû la priere d'un criminel au ſupplice, & que la Samaritaine s'eſt convertie par les ſoins que vous en avez bien voulu prendre ; j'eſpere auſſi que vous me regarderez en pitié, & que vous aurez agreable un cœur contrit, que je vous offre pour expiation de toutes mes offenſes : c'eſt une grace que vous promettez aux hommes par la bouche du prophete, que vous aimez parfaitement, & qui nous enſeigne que la componction eſt le plus puiſſant ſacrifice que nous puiſſions faire, pour appaiſer vôtre ire, & nous approcher de vous. Recevez

donc

donc, s'il vous plaist, favorablement celuy que je vous presente avec un sensible regret que j'ay de vous avoir offensé, non pas par une servile apprehension des peines que je merite, ni pour l'interest de la gloire eternelle, mais par un amour filial; dautant que vous estes infiniment bon, & que vous meritez d'estre aimé plus que toutes choses imaginables. Je proteste devant vous que je déteste mes pechez, le monde, la chair & le diable; que je propose veritablement de m'amender à l'avenir, moyennant vôtre sainte grace, que je vous supplie de tout mon cœur de me vouloir accorder par le prix du Sang & des Larmes que vous avez versé pour mon salut, & par les merites de vôtre glorieuse Mere, mon unique patronne & Avocate. Ainsi soit-il.

* * *
* *
*

AVTRE ORAISON POVR OBTENIR le don des Larmes.

O Bon JESUS, doux Sauveur de mon ame, du plus profond de mon cœur je vous demande pardon de tous les pechez que j'ay commis contre vôtre divine Majesté. Helas, mon Dieu! vous m'avez tant aimé, que vous avez versé des larmes pour une créature si vile & déteſtable. Ah, mon Seigneur! que je ne perde pas le fruit de vos larmes précieuſes; plûtôt, ô mon Dieu, que je meure que de commettre volontairement un ſeul peché mortel, ny même admettre la moindre imperfection. Deſillez mes yeux par les merites de cette precieuſe Perle cryſtalline iſſuë du plus profond de vôtre cœur que j'adore en ce lieu. Ouvrez-moy l'abyſme, où mes malheurs me portent inceſſamment, & que la frayeur du mal, que j'ay merité, m'étonne & m'arrache les larmes du plus profond de mon cœur, afin qu'aprés avoir par les larmes expié & effacé en ce monde les vices & les dereglemens de ma vie, je puiſſe éternellement joüir avec les Bienheureux de la beatitude preparée à vos Elûs. Ainſi ſoit-il.

AVTRE ORAISON AV PERE Eternel.

PERE Tout-puiſſant & Dieu de miſericorde, qui avez voulu que vôtre Fils bien-aymé pour gage de ſon amour, répandît des larmes deſſus le Lazare mort, & par un trait de vôtre puiſſance toute merveilleuſe le réveillât du ſommeil de la mort qui l'avoit ſaiſi : Faites par les faveurs de vôtre ſaint Eſprit, que je n'aye dorénavant d'autre ſujet de mes penſées, & d'autre objet de mon amour, que vôtre immense bonté; que mes priéres soient incessamment mêlées de larmes de contrition & de penitence, afin qu'aprés avoir parfaitement lavé, purgé & effacé les taches, soüillures & iniquitez de ma vie, je puisse heureusement passer à l'éternelle. Ainsi soit il.

AUTRE ORAISON POUR OBTENIR *la guerison des yeux.*

VERBE éternel, Sauveur de mon ame, vraye lumiere de mes yeux, qui avez incessamment les bras ouverts de vostre ineffable misericorde, pour recevoir le pecheur à pardon à toute heure qu'il pleurera ses vices & ses pechez: je confesse, mon Dieu, devant vostre divine Majesté, que je suis la creature la plus vicieuse que la terre ait jamais portée. Ces infirmitez corporelles qui me font recourir à vous, & venir en ce lieu adorer la tres-precieuse Larme que vous avez répanduë pour mes pechez, ne sont qu'un effet

e mes ingratitudes. Il eſt vray, mon
Dieu, & je le confeſſe; mais ſouffrez
ue ma miſere faſſe pitié à vôtre miſe-
corde. Beniſſez mon pelerinage, en-
ndez mes ſoupirs, exaucez la voix
e mon cœur, qui vous parle par les
eux, & par le dégoût de mes pleurs
ites découler ſur moy le merite de
os larmes. Donnez-moy, mon Dieu,
vûë corporelle, afin que je ſacrifie
orénavant l'uſage de mes yeux à la
loire de voſtre divin ſervice. Ainſi
oit-il.

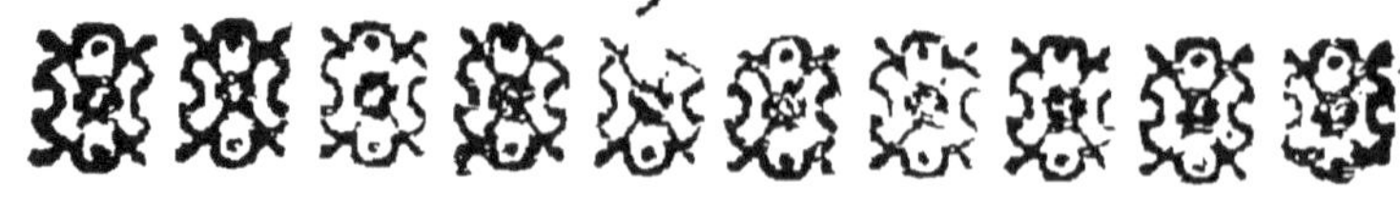

MIRACLES ARRIVEZ à divers Pelerins qui ont visité la precieuse & adorable Larme de Nôtre Seigneur Iesus-Christ.

IL est certain qu'il n'y a personne, qui voyant le mouvement presque perpetuel de la sainte Larme, reverée dans l'Abbaye de S. Pierre lez Selincourt, au Diocese d'Amiens, sans aucune alteration, ni diminution, ne s'étant jamais sechée pour les chaleurs de l'esté, ni gelée pour les rigueurs de l'hyver; n'avouë que cette divine Larme est un miracle continuel: Et ainsi il ne seroit pas necessaire de vous rapporter icy d'autres miracles, qui ne sont en quelque façon que les effets de celuy-cy. Neanmoins pour satisfaire quelques ames pieuses qui m'en ont prié, j'ay tiré de Messieurs les Religieux de ladite Abbaye quelques exraits des plus modernes, estant presque impossible de les reduire tous par crit pour leur grand nombre.

L'an de grace mil six cens dix-huit, Maître Loüis Manier, Prêtre, Curé le la Paroisse de Verton, au Diocese l'Amiens, ayant perdu la vûë par maadie, & ayant fait vœu de visiter la ainte Larme, l'a recouverte entierement : ce que ledit Manier a témoigné & signé presens témoins, le 22. Juillet udit an.

Le vingt-troisiéme Juillet 1620. Madeléne de la Haye, femme de Josse d'Aulny, du village de Besancourt, Diocese d'Amiens, a aussi recouvert la vûë, qu'elle avoit perduë depuis six mois ; & ce au même moment qu'elle a voüé de faire le pelerinage de la sainte Larme : ce qu'elle a signé.

Loüis le Chien du village de Gruincourt, de l'Archevêché de Roüen, âgé de 72. ans, avoit perdu la vûë pour la seconde fois, en telle sorte qu'il ne pouvoit faire un pas sans estre conduit,

& a esté gueri le lendemain de son vœu à la sainte Larme : ce qu'il a témoigné le 12. Aoust 1620.

Damoiselle Jeanne Verduzan, femme d'Antoine Jacomel, Escuyer, sieur de Froïel, Diocese d'Amiens, estant d'une forte maladie devenuë aveugle, eut recours aussitost au Medecin des Medecins, avec promesse d'aller rendre ses adorations à la sainte Larme; ce qu'ayant fait, elle reçût soulagement, & vit aussi bien qu'auparavant : ce qu'elle a signé en la presence des Damoiselles Marie & Anne Jacomel, ses filles, & de Marie Henoult sa fille de chambre, le troisiéme Juin 1632. Et en action de graces elle a offert à ladite Eglise deux yeux d'argent.

Le huitiéme Octobre 1639. Jacquelaine le Cat, veuve de Nicolas Caron, demeurante à Estape, Diocese de Boulogne, a ressenti les faveurs de la sainte Larme six mois aprés avoir perdu la vûë : ce qu'elle a signé lesdits jour & an.

Le

Le cinquiéme Juin 1646. honorable homme Maître Pierre Gellée, sieur de Hulles, Bourgeois & ancien Mayeur de la ville de Doullens, & Damoiselle Marie Courtois, sa femme, voyans que Leonore Gellée, leur fille, âgée d'environ six ans, estoit affligée depuis trois ans d'une fluxion lachrymale à l'œil droit, eurent recours aux remedes ordinaires; & aprés en avoir éprouvé plusieurs, jusques-là que les Medecins la jugerent incurable, ils firent vœu à Dieu de visiter la sainte Larme; où s'estant transportez le 1. jour de Septembre audit an, & aprés y avoir fait leurs devotions devant la sainte Larme de nostre Sauveur, au même instant la fluxion s'est trouvée entierement tarie, dont ils ont rendu graces à Dieu: Ce qu'ils ont reconnu par un Acte signé de leurs mains pardevant les Notaires Royaux residens à Doullens le 12. Septembre audit an.

Le troisiéme Juin 1655. Madeléne Longuet, fille de Pierre Longuet &

de Marie Hermand, demeurans à Villers sur Ailly, ayant l'œil percé d'un coup de coûteau, sa mere fit le pelerinage de la sainte Larme, & apporta avec elle de l'eau benite, dans laquelle on plonge le Reliquaire de cette precieuse Perle du ciel : Et ladite Madeléne s'en étant appliqué dessus les yeux, le second jour cette bonne fille s'écria à sa mere qu'elle voyoit parfaitement bien, & qu'elle estoit guerie : & ont signé lesdits jour & an.

Le dixiéme May 1669. Françoise Hebert, femme de François Prevost, de la ville d'Eu, arriva icy sur le soir avec Michel Prevost son fils, âgé d'environ douze ans, laquelle nous a assuré que depuis un an son fils avoit une fluxion sur les yeux, & que même depuis quinze jours il avoit tout-à-fait perdu la vûë; pourquoi elle avoit promis de faire le pelerinage de la sainte Larme, & qu'étant partie, conduisant sondit fils par le bras, & arrivée à deux lieües de l'Abbaye, à vûë du clocher, elle avoit commandé à ſon fils de mettre les genoux en terre, & reciter l'Oraiſon Dominicale pendant qu'elle invoqueroit le ſecours de la ſainte Larme;& au même inſtant ledit Michel Prevoſt ſe trouva gueri, & fit le reſte du chemin ſans eſtre conduit de qui que ce ſoit : ce qu'ils ont affirmé veritable preſens témoins leſdits jour & an.

Le 21. Mars 1673. Marie Madeléne de Lannoy, fille de Guiſlin de Lannoy, du village de Ligny ſur Canche, a recouvert la vûë, qu'elle avoit perduë d'une fluxion qui lui eſtoit tombée ſur les yeux.

Le neuf Mars mil ſix cens ſoixante-quinze Françoiſe Tilleu, & Michel Rhedon de la ville d'Amiens, ayant tous deux les yeux notablement tachez, ont fait vœu à la ſainte Larme; & s'y eſtant tranſportez la derniere fois de jour de la Pentecoſte de l'année mil ſix cens quatre-vingt, ils furent tous deux gueris miraculeuſement : pourquoi en act on de grace ils ont fait preſent d'un tableau , où ils ſont tous deux repreſentez.

A la plus grande gloire de Ieſus-Chriſt, & de ſa precieuſe Larme.

www.ingramcontent.com/pod-product-compliance
Lightning Source LLC
LaVergne TN
LVHW020303230826
846091LV00006B/2500

* 9 7 8 2 0 1 1 2 6 2 8 1 3 *